En hojas de cerezo

Haikus

En hojas de cerezo
Haikus
Cuca Serratos

Primera edición: Producciones Sin Sentido Común, 2015

D.R. © 2015, Producciones Sin Sentido Común, S.A. de C.V.
Avenida Revolución 1181, piso 7, colonia Merced Gómez,
03930, México, D.F.

Textos © Cuca Serratos
Ilustraciones © Paulina Barraza G.

ISBN: 978-607-8237-53-1

Impreso en México

En hojas de cerezo
Haikus

Cuca Serratos

Ilustraciones de
Paulina Barraza G.

NOS
TRA
EDICIONES

Introducción

El haiku, de Japón a México

El haiku es un poema breve de origen japonés, que consta de tres versos: el primero y el tercero de cinco sílabas, y el segundo, o verso central, de siete. Los haikus japoneses no suelen tener rima.

Los temas que se abordan en el haiku con más frecuencia son la naturaleza y el amor a ella, la vida y la muerte; además, tradicionalmente se dice que este pequeño poema debe caber en una hoja de cerezo.

Para concebir un haiku hay que sentir una genuina emoción al contemplar algo que sucede en la naturaleza, y expresarlo en las pocas palabras cuyas sílabas cumplan los requisitos que exige esta miniatura poética. Sin embargo, la sencillez es un tesoro difícil de encontrar para un creador: los poetas de la tradición japonesa dedicaron muchos años a lograr su perfección técnica.

Es posible que el haiku tenga su origen en la evolución de los tankas (poemas cortos) también conocidos como *waka*, poemas japoneses de 31 sílabas, estructurados en cinco versos de 5-7-5-7-7 sílabas respectivamente. Los *waka* fueron desarrollados por los poetas durante el período Heian (794-1185). Al improvisar en grupo, el concepto de tanka se amplió al de *renga*, donde *ren* significa "ligar una secuencia" y *ga* quiere decir "poema". De esta manera nacieron una serie de canciones o poemas encadenados con tema festivo, los cuales podían llegar a tener hasta cien versos, pero agrupados en pequeñas secuencias de tres. El *renga* es el género que hizo de eslabón entre los tankas y el haiku en el siglo XII.

Durante el siglo XVI, en Japón se realizó una creciente alfabetización que condujo al invento de una nueva versión del *renga,* de estilo más humorístico y coloquial, conocida como haikai, que alcanzó enorme popularidad. Algunos eruditos vinculan el haiku al *katauta,* breve poema que podía oscilar entre 5-7-5 o 5-7-7. Poco a poco se fue aceptando la combinación clásica de tres versos 5-7-5, al percibir que esta forma producía un efecto poético que impactaba sensiblemente al lector y al oyente.

No es sino hasta el siglo XVII cuando se forja un idioma poético en el que la elegancia de estilo se combina con el lenguaje coloquial para crear el haiku. Esto lo realiza Matsuo Bashoo (1644-1694), el más conocido maestro japonés y autor de haikus. Él lo definió así: "Haiku es simplemente lo que está sucediendo en este lugar, en este momento." Para este autor las cosas aparentemente inútiles eran las más valiosas, por ejemplo, el vivir en armonía con la naturaleza. En el haiku se refleja la perplejidad que nace de un simple suceso. Se puede decir que el haiku es el desafío de la brevedad porque en 17 sílabas se expresa un momento que transcurre en la naturaleza y que el poeta logra transcribir de manera bella. Dentro de este tópico, es oportuno señalar que el idioma japonés puede decir más conceptos con menos sílabas.

Kono michi wa
juku hito nashi ni
aki no kure.

(Este camino
ya nadie lo recorre
salvo el crepúsculo.)

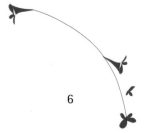

6

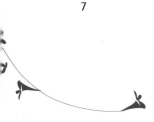

En el siglo XVIII, Buson Yosa (1716-1783), que además de poeta era pintor, condujo al haiku a un refinamiento extraordinario, al plasmar en sus poemas un escenario luminoso de la esencia significativa de las cosas. Otra figura importante del haiku es Issa Kobayashi (1762-1826), quien se inició en Tokio en este arte poético, y sus poemas hacen referencia a los placeres sencillos de la vida y su amor a la naturaleza.

Las mujeres japonesas también participaron en la creación de este género. Entre ellas destacan Sute, Sonome, Shushiki y sobre todo Chiyo, considerada la mejor creadora de esta forma poética.

En la tradición japonesa el haiku aludía, de alguna manera, a manifestaciones representativas de las cuatro estaciones del año. Además, el término haiku es relativamente reciente; el primer poeta que lo empleó fue Shiki, en el siglo XIX.

Así pues, podemos ver que la influencia del haiku se extendió a los poetas de Occidente del siglo XX, y es así como encontramos rastros del haiku en lengua española en los hermanos Machado, Juan Ramón Jiménez y Federico García Lorca. Jorge Luis Borges, conocedor de la poesía japonesa, incorporó en 1972 seis tankas en su libro *El oro de los tigres.* En 1981, en el libro *Cifra,* dedicado a María Kodama, incluye 17 haikus, y en todos respeta la estructura métrica de 5-7-5 sílabas.

Mario Benedetti publica por su parte *Rincón de haikus* en 1999; y aunque respeta estrictamente la estructura 5-7-5, sus poemas expresan más reflexiones filosóficas, dudas, opiniones y hasta breves anécdotas, sin seguir, en muchos de ellos, la pauta de la naturaleza, propia del típico haiku.

El poeta José Juan Tablada (1871-1945) introdujo esta forma lírica en México, aunque muchos de sus poemas no se ajustan a las 17 sílabas, ni tampoco a la clásica distribución de los tres versos, 5-7-5 (además de que sí poseen rima). En otras palabras, no se ajustan exactamente a la estructura formal del típico haiku japonés. Tablada llamó a estos textos "poemas sintéticos", y así imprimió un sello personal a esta forma poética.

Pero muchos otros han acogido el haiku en México, un gran número de poetas lo ha cultivado, entre los que podemos contar a Octavio Paz, José Gorostiza, Jaime Torres Bodet, Xavier Villaurrutia, Carlos Pellicer, Elías Nandino, José Emilio Pacheco y Enrique González Rojo, por mencionar algunos.

Los haikus que se presentan aquí son instantes, ráfagas de luz, surgidas de la naturaleza y observados por la autora.

Cuca Serratos

El viento sopla,
vuelan campanas lilas.
Es primavera.

11

Llegó el verano:
diamantes en las puntas
del verde pino.

Vuelan las hojas
cual aves en parvada,
entra el otoño.

El cielo suelta
ligeras plumas blancas,
llegó el invierno.

Cruza el avión
las nubes de algodón,
a pleno sol.

Miro el cielo:
las nubes han formado
un cisne blanco.

En el invierno
las nubes presurosas
pasan corriendo.

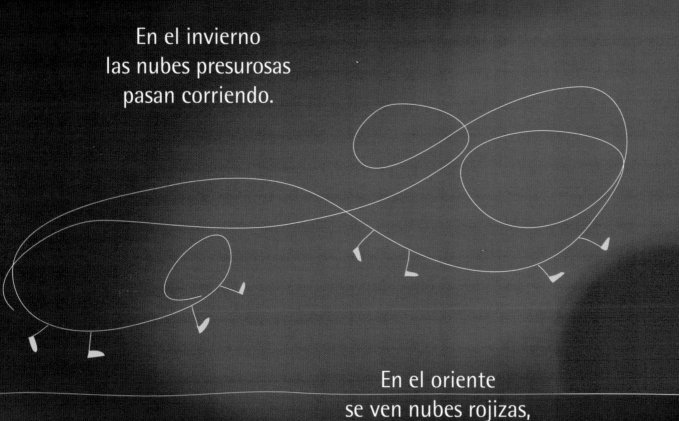

En el oriente
se ven nubes rojizas,
naciente sol.

Flores moradas
se ven por la ventana:
la jacaranda.

Frijoles rojos
cuelga sobre sus ramas
el colorín.

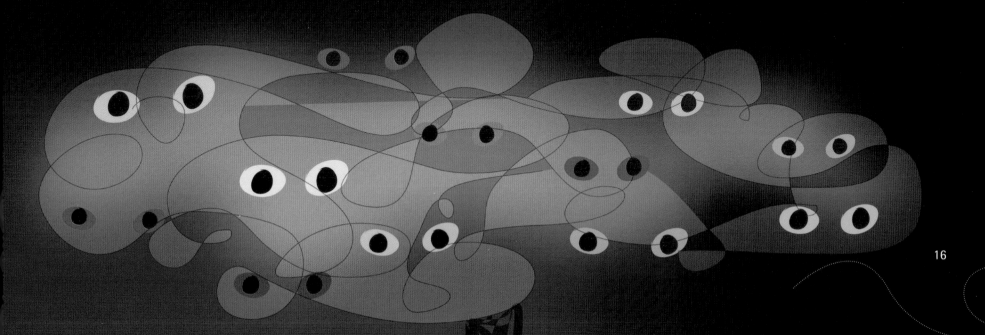

Pequeño trueno
lleno de flores blancas,
belleza insólita.

El árbol verde,
negras miradas,
ojos de capulín.

Jaspeado ficus,
al ruiseñor escondes
entre tus ramas.

Del colorín,
brotan cuchillos rojos
sobre las ramas.

Roja amapola,
brillas en toda Holanda
sobre las calles.

En primavera
brotan rosadas gemas,
flor de durazno.

Estrellas blancas
brillan sobre lo verde,
flor de limón.

La jacaranda,
racimos de campanas
cuelga en sus ramas.

En primavera
la bugambilia saca
todas sus flores.

La nochebuena
grandes diamantes carga
en hojas rojas.

Serán ciruelas
pequeñas flores blancas,
en primavera.

Rojas y altivas
se asoman por la barda
las cinco rosas.

Estrellas lila
surgen sobre los campos.
Son las violetas.

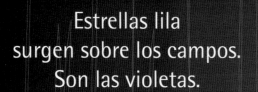

El crisantemo
deshoja su blancura
sobre el florero.

Como canicas,
tan blanco, tan redondo,
cae el granizo.

23

Agua

Sueltan los pinos
cascadas de diamantes
por las mañanas.

Las olas juegan
en infinito mar.
Niñas traviesas.

Canta la lluvia
juguetona y alegre
por los tejados.

Cascadas suaves
emite la ocarina
cuando la tocas.

En alta rama
se posa y reposa
el colibrí.

Jugando rondas
pasa todo el verano
la golondrina.

En los manglares,
traje de seda blanca
luce la garza.

Brillan estrellas
sobre el nocturno bosque.
Son las luciérnagas.

Al cocodrilo
sus ojos lo delatan
al ras del río.

Trabaja Eolo:
cielo limpio y sereno
ves todo enero.

Al son del viento
bailan los siete picos
de la piñata.

El cielo muestra
exótica belleza,
arcoíris lunar.

En hojas de cerezo

Haikus

se terminó de imprimir en 2015
en los talleres de Editorial Impresora Apolo, S.A. de C.V.
Centeno 150-6, colonia Granjas Esmeralda,
delegación Iztapalapa, 09810, México, D.F.
Para su formación se utilizó
la fuente Rotis Semi Sans diseñada
por Otl Aicher en 1989.